My Mom is Awesome
Meine Mutti ist toll

Shelley Admont
Illustrated by Amy Foster

www.kidkiddos.com
Copyright©2014 by S.A. Publishing ©2017 by KidKiddos Books Ltd.
support@kidkiddos.com

All rights reserved. No part of this book may be reproduced in any form or by any electronic or mechanical means, including information storage and retrieval systems, without written permission from the publisher or author, except in the case of a reviewer, who may quote brief passages embodied in critical articles or in a review.
Alle Rechte vorbehalten. Kein Teil dieses Buches darf in irgendeiner Form oder durch irgendwelche elektronischen oder mechanischen Mitteln, einschließlich Informationen Regalbediengeräte schriftlich beim Verlag, mit Ausnahme von einem Rezensenten, kurze Passagen in einer Bewertung zitieren darf reproduziert, ohne Erlaubnis.
Second edition, 2019

Translated from English by Tess Parthum
Aus dem Englischen übersetzt von Tess Parthum

Library and Archives Canada Cataloguing in Publication Data
My mom is awesome (German Bilingual Edition)/ Shelley Admont
ISBN: 978-1-5259-1818-6 paperback
ISBN: 978-1-77268-572-5 hardcover
ISBN: 978-1-77268-571-8 eBook

Please note that the German and English versions of the story have been written to be as close as possible. However, in some cases they differ in order to accommodate nuances and fluidity of each language.

For my awesome kids-S.A.

Für meine großartigen Kinder-S.A.

Hi, it's me, Liz.
Hallo, ich bin es, Liz.

Did you know my Mom is awesome?
Wusstest du, dass meine Mutti toll ist?

Well, she is! She is smart and funny, strong and patient, kind and beautiful – she's amazing!
Nun, das ist sie! Sie ist klug und witzig, stark und geduldig, gütig und hübsch – sie ist außergewöhnlich.

"Good morning, sunshine! It's time to rise!" I hear a soft whisper in my ear.

„Guten Morgen, Sonnenschein! Es ist Zeit aufzustehen!", höre ich ein leises Flüstern in meinem Ohr.

That's my mom, waking me up.

Das ist meine Mutti, die mich weckt.

She gives me a million gentle kisses and hugs me tight, but I still cannot open my sleepy eyes.

Sie gibt mir eine Million sanfte Küsse und umarmt mich fest, aber ich kann meine müden Augen immer noch nicht öffnen.

"Mommy, I want to sleep," I mutter quietly. "Just for one more minute, please."

„Mami, ich will schlafen", murmle ich leise. „Nur noch eine Minute, bitte."

She kisses me more and more, but it doesn't help.

Sie gibt mir immer mehr Küsse, doch es hilft nicht.

So she gives me a piggyback ride to the bathroom. She is so strong, my mom.

Also trägt sie mich huckepack ins Bad. Sie ist so stark, meine Mutti.

She keeps kissing and tickling me until I start laughing hard.

Sie küsst und kitzelt mich weiter, bis ich heftig anfange zu lachen.

Mom smiles. She is really beautiful. I like her dresses, her shoes, and how she does her hair.

Mutti lächelt. Sie ist wirklich schön. Ich mag ihre Kleider, ihre Schuhe und wie sie ihre Haare macht.

"Can you make me something fancy today?" I ask, a glimmer of hope in my eyes. "The braid we saw yesterday on the TV show, can you do something like that?"

„Kannst du mir heute etwas Schickes machen?", frage ich, mit einem Hoffnungsschimmer in meinen Augen. „Den geflochtenen Zopf, den wir gestern in der Fernsehserie gesehen haben, kannst du so etwas machen?"

I know that she can do anything. My mom is awesome.

Ich weiß, dass sie alles kann. Meine Mutti ist toll.

Even if she doesn't know how to do something at first, she continues to try until she succeeds. She never gives up.

Selbst, wenn sie am Anfang nicht weiß, wie etwas geht, macht sie so lange weiter, bis es ihr gelingt. Sie gibt niemals auf.

My Mom twirls and weaves my hair until it's a beautiful braid running behind my head.

Meine Mutti zwirbelt und flicht mein Haar zu einem wunderschönen geflochtenen Zopf.

I'm so thrilled to go to class with my new hair. I can already imagine my friends' reactions. I'm sure Amy will love it.

Ich bin so begeistert, mit meiner neuen Frisur zum Unterricht zu gehen. Ich kann mir schon die Reaktion meiner Freundinnen vorstellen. Ich bin sicher, dass sie Amy gefallen wird.

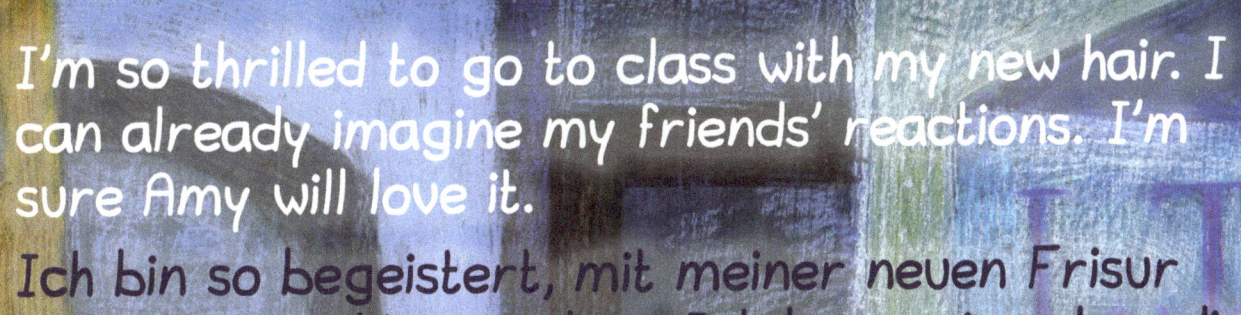

"Your hairstyle is so cool! I saw the same one on TV yesterday!" Amy jumps with excitement. "Who made it?"

„Deine Frisur ist so cool! Ich habe gestern die gleiche im Fernsehen gesehen!" Amy hüpft vor Aufregung. „Wer hat sie gemacht?"

"My mom!" I say proudly.

„Meine Mutti!", sage ich stolz.

"It's a reversed braid!" Amy announces, after a couple of minutes. "With a twist!" I hear other voices.

„Es ist ein umgekehrter Zopf!", verkündet Amy nach ein paar Minuten. „Mit einer Drehung!" höre ich andere Stimmen.

"It's so cool!" "It looks complicated!" "It probably took a lot of time!"

„Er ist so cool!" „Er sieht kompliziert aus!" „Er hat wahrscheinlich lange gedauert!"

Finally Amy asks, "Can you ask your mom to teach my mom to make this braid?"

Schließlich fragt Amy: „Kannst du deine Mutti fragen, ob sie meiner Mutti beibringt, diesen Zopf zu machen?"

"Sure! She..." I start to say, but the bell interrupts me and Mr. Z enters the class.

„Sicher! Sie...", beginne ich zu sagen, aber die Klingel unterbricht mich und Herr Z. betritt die Klasse.

Usually I love math, but today it's just terrible.

Normalerweise liebe ich Mathe, aber heute ist es einfach schrecklich.

"We are going to learn about fractions," says Mr. Z, while filling the board with strange drawings.
„Wir werden etwas über das Bruchrechnen lernen", sagt Herr Z., während er die Tafel mit seltsamen Zeichnungen füllt.

Why is it so complicated? Halves, thirds and fourths ... my head is going to explode.
Warum ist das so kompliziert? Halbe, Drittel und Viertel ... mein Kopf wird explodieren.

I don't give up though; I ask questions, exactly like my mom would do.
Ich gebe jedoch nicht auf, ich stelle Fragen, genau, wie meine Mutti es tun würde.

Mr. Z explains one more time and after, he shows us a fun video about fractions.
Herr Z. erklärt es noch einmal und danach zeigt er uns ein lustiges Video über Brüche.

"Next, we'll play a game," he announces. "We'll find fractions in our classroom."
„Als nächstes werden wir ein Spiel spielen", verkündet er. „Wir werden Brüche in unserem Klassenzimmer suchen."

I think I understand fractions much better now, but I still don't feel comfortable with all these strange numbers.

Ich glaube, ich verstehe Brüche jetzt viel besser, aber ich fühle mich immer noch nicht wohl mit all diesen seltsamen Zahlen.

At recess Amy and I run to our favorite place to play. The monkey bars! I love to climb up and hang upside-down.

In der Pause laufen Amy und ich zu unserem liebsten Platz zum Spielen — dem Klettergerüst. Ich liebe es, hinaufzuklettern und kopfüber herunterzuhängen.

But today on my way to the monkey bars, somehow my jeans get caught in a bush and tear right on my knee.

Aber heute verfängt sich meine Jeans auf dem Weg zum Klettergerüst irgendwie in einem Gebüsch und reißt genau an meinem Knie auf.

I almost burst into tears. "These are my favorite pair of jeans. Look, the tear is huge."

Ich breche fast in Tränen aus. „Das ist mein liebstes Paar Jeans. Schau, der Riss ist riesig."

Finally I'm home and Mom's back from work. She always understands what I feel.

Endlich bin ich zuhause und Mutti ist von der Arbeit zurück. Sie versteht immer, was ich fühle.

"How was your day, sweetie?" her voice full of care. She wraps me in her arms and continues asking questions until I share everything with her.

„Wie war dein Tag, Liebling?" Ihre Stimme klingt besorgt. Sie schließt mich in ihre Arme und fragt so lange weiter, bis ich ihr alles erzähle.

I spill to her all about fractions, the tear in my jeans and how frustrated I feel.

Ich verrate ihr alles über die Brüche, den Riss in meiner Jeans und wie frustriert ich bin.

Mom always finds a solution to any problem.

Mutti findet immer eine Lösung für jedes Problem.

"What shape do you want to cover your tear? Heart or star?" Of course I choose a large pink heart.

„Welche Form möchtest du, um deinen Riss zu überdecken? Herz oder Stern?" Natürlich wähle ich ein großes rosa Herz.

She sews a heart-shaped patch over the hole on my torn jeans, so no one will notice the hole underneath. How cool is that?

Sie näht einen herzförmigen Flicken über das Loch in meiner zerrissenen Jeans, damit niemand das Loch darunter bemerkt. Wie cool ist das denn?

"Oh, thank you, Mommy," I exclaim happily. "These jeans look so fancy now. Let's put another patch here!"

„Oh danke, Mami", rufe ich glücklich. „Diese Jeans sieht jetzt so schick aus. Lass uns hier noch einen Flicken aufnähen!"

We work together and design my new cool outfit.
Wir arbeiten gemeinsam und gestalten mein neues, cooles Outfit.

We sew two smaller heart patches on my jeans and one larger heart on my T-shirt.
Wir nähen zwei kleinere Herzflicken auf meine Jeans und ein größeres Herz auf mein T-Shirt.

"Look, now you have new jeans and a matching T-shirt," she says.
„Schau, nun hast du eine neue Jeans und ein passendes T-Shirt", sagt sie.

"Mom, you're my hero!" I announce, hugging her tight. We both start laughing loudly.
„Mutti, du bist meine Heldin!", verkünde ich und umarme sie fest. Wir fangen beide laut an zu lachen.

Then she pulls me into the kitchen. "It's a time for something sweet. Let's make cupcakes. But we need to use fractions in order for this to work."
Dann zieht sie mich in die Küche. „Es ist Zeit für etwas Süßes. Lass uns Törtchen machen. Aber bei dieser Arbeit müssen wir Brüche anwenden."

"Don't be afraid," Mom says softly. "We'll make it together."

„Hab keine Angst", sagt Mutti sanft. „Wir schaffen das zusammen."

I take a deep breath and open Mom's big cooking book.

Ich atme tief ein und schlage Muttis großes Kochbuch auf.

"For five cupcakes you'll need a quarter cup of flour," I read.

„Für fünf Törtchen benötigen Sie eine viertel Tasse Mehl", lese ich.

When the evening comes, Mom tucks me in my bed, covers me with my butterfly blanket and says, "I love you, pumpkin."

Als der Abend kommt, bringt Mutti mich in mein Bett, deckt mich mit meiner Schmetterlingsdecke zu und sagt: „Ich habe dich lieb, Mäuschen."

"I love you, Mommy," I whisper with a big yawn fluttering my eyes shut. As I think about the wonderful day we had, I fall asleep.

„Ich hab dich lieb, Mami", flüstere ich mit einem herzhaften Gähnen und lasse meine Augen zufallen. Während ich über den wunderschönen Tag nachdenke, den wir hatten, schlafe ich ein.

I wake up in the morning, because I feel warm kisses on my face and hear a gentle voice: "Good morning, sweetie. It's time to rise and shine."

Ich wache am Morgen auf, weil ich warme Küsse auf meinem Gesicht spüre und eine sanfte Stimme höre: „Guten Morgen, Liebling. Es ist Zeit, aus den Federn zu kriechen."

My eyes are still closed but I feel her near me. She strokes my hair and it feels wonderful.

Meine Augen sind noch geschlossen, aber ich spüre sie nah bei mir. Sie streichelt mein Haar und es fühlt sich wunderbar an.

I love my mom. She's awesome. When I grow up, I want to be exactly like her!

Ich habe meine Mutti lieb. Sie ist toll. Wenn ich groß bin, will ich genauso sein wie sie!

And guess what? Your mom is awesome too. Make sure to give her a hug to let her know how amazing she is!

Und weißt du was? Deine Mutti ist auch toll. Nimm sie auf jeden Fall in den Arm, um ihr zu zeigen, wie toll sie ist!

www.ingramcontent.com/pod-product-compliance
Lightning Source LLC
LaVergne TN
LVHW072001060526
838200LV00010B/252